MON
VOYAGE A PARIS.

(IMITATION DE L'ANGLAIS).

CHAPITRE I.

Paris! Paris!! PARIS!!!... n'avoir jamais été à Paris!.. étonnant!.. stupéfiant!.. incroyable!.. impossible!.. ihoui!..

Telles étaient les exclamations dont j'avais été la cause et l'objet pendant la soirée que je venais de passer dans la famille Muggins. Cette honorable famille composée de quatre personnes, savoir : M. Onuphrio Muggins, Mme Artémise Muggins et Mlles Coralie et Pénélope, leurs filles, avaient fait en masse ce fameux voyage. Ces quatre Muggins avaient résolument traversé le détroit sur le *Packet-Boat*, qui navigue de Douvres à Calais, puis ils s'étaient emballés dans une diligence de Lafitte-Caillard et Cie ; enfin, après avoir couru les hasards d'un voyage sans mésaventure, ils étaient entrés dans la capitale de la France, majestueusement traînés par le trot

1

somnolent de cinq lourds chevaux. Le directeur de l'octroi s'était empressé d'envoyer une escouade d'employés pour les recevoir...... et pour visiter leurs bagages, et six maîtres d'hôtel étaient accourus leur offrir des hommages.... et des logements....

Il serait trop long de détailler les explorations de l'honorable famille pendant son séjour à Paris. Son plaisir et son enthousiasme furent des plus complets ; cette époque fut, à son avis du moins, la plus belle de sa vie.

Aussi, était-il facile de reconnaître que M. Muggins, Mme Muggins et Mlles Muggins avaient été à Paris. Pourquoi dis-je *avaient été* ? Par le ciel! je me trompe ; il faut dire *étaient toujours* à Paris. Ces bonnes gens étaient, en effet, constamment à Paris, malgré et depuis leur retour à Londres. Même en prenant leur thé, dans leur maison de *Camomile-Street*, leurs cœurs, leurs ames, leurs yeux, leurs oreilles, leurs nez, leurs doigts, leurs langues, tous leurs sens et toutes leurs facultés, étaient encore à Paris. Partout et toujours, dans la maison, dans les rues, dans les carrefours, dans les promenades publiques, au temple, au théâtre, partout et toujours, enfin, ils voyaient Paris, ils sentaient Paris, ils entendaient Paris, ils parlaient de Paris, Paris, PARIS!

Le diable vous... confonde, pensais-je, en tournant le coin de *bishop'sgate street*, ce même soir, après avoir pris congé de la famille Muggins, le diable vous.... confonde, ô Muggins, Muggins autrefois si aimables et si bons, maintenant si taquins et si rabâcheurs! M'en avez-vous assez dit, ce soir, parce que je n'ai pas profité, comme vous, de la diminution de prix survenue dans les moyens de transport, pour acquérir, au rabais, la futile réputation de touriste. M'en avez-vous assez dit, ce soir, parce que je n'ai pas voulu courir dans les pays étrangers, vivre, même en voyageant, à meilleur marché qu'en restant moelleusement assis au coin de mon feu, dans ma vieille Angleterre! Mais qui voudrait rester exposé à vos dédains ou à votre blâme pour n'avoir pas fait un voyage sur le continent, quand il n'en coûte que trente schellings pour aller, et trente schellings pour revenir? Certes, ce ne sera pas moi, ô Muggins de mon cœur, moi qui vous aime tant, moi qui desire si vivement être toujours bien venu et bien accueilli par vous ! J'irai donc sur le continent, j'irai à Paris, je le traverserai de part en part et dans tous les sens, votre Paris, je l'explorerai, je l'analyserai, j'y suis résolu. Je cours de ce pas arrêter mon passage, et demain matin, en partant, je crierai : *au revoir, amis Muggins!*.....

Je m'adressais ce monologue en sortant de chez ces bons amis Muggins. J'étais alors sous l'influence de leurs aimables sarcasmes, de leur enthousiasme contagieux, et de l'excellent punch qui avait accompagné leur excellent thé ; mais, dès que j'eus fait quelques pas, la fraîcheur de la nuit calma mes sens, et je réfléchis plus posément à ce que j'allais faire. Je pensai d'abord, qu'avant de me mettre en voyage, il fallait inévitablement me munir d'un passe-port. Cette nécessité m'obligeait à remettre au lendemain matin l'exécution de mon dessein ; et puis, il était tard, j'avais besoin de dormir, je me décidai donc à aller me coucher.

Je rêvai toute la nuit de mon voyage projeté. Tantôt le *packet-boat*, retenu par une fatalité ennemie, ne pouvait démarrer du rivage anglais ; tantôt, lancé sur la mer, il s'égarait dans des directions inconnues, ou bien il revenait sur son sillage, ou bien il pivotait sur lui-même comme une toupie. Puis, il me sembla que j'étais à Paris, dans un grand jardin que je supposai devoir être le jardin des Tuileries. La foule était immense ; j'étais splendidement vêtu et je me promenais en me pavanant. Tout-à-coup on crie : Au voleur! Je vois fuir un jeune homme fort bien mis ; je le poursuis. La foule se précipite sur nos traces. Au moment où je suis sur le point d'atteindre le coupable, il fait un brusque détour et disparaît dans une tortueuse allée d'arbres. Je veux le suivre ; un chien se jette dans mes jambes, je tombe, et la foule qui accourait à ma suite se précipite sur moi et me saisit, croyant s'emparer du voleur qui portait comme moi un habit bleu barbeau et un pantalon blanc. Je veux crier, m'expliquer, me défendre. Vains efforts ! je ne sais pas le français. On regarde mon hésitation comme une preuve de culpabilité ; on prend mon ignorance de la langue française pour une feinte calculée. On m'interpelle, on m'interroge. J'entends le mot *passe-port* ; je me fouille avec empressement,.... hélas !.... j'ai laissé mon passe-port à l'hôtel. On me demande le nom de mon hôtel ; mais l'émotion a paralysé ma mémoire, je ne peux me rappeler ce nom maudit !

La foule crie alors de plus belle. Des agents de police accourent, on me conduit ignominieusement, à pied et à travers tout Paris, vers la prison. Vers la prison, moi ! vers la prison, moi innocent, moi gentleman anglais ! A cette pensée mon sang bouillonne, ma tête s'exalte, et, comme dans ce moment nous traversons un pont jeté sur la Seine, écartant d'un mouvement brusque et rapide les deux agents qui m'escortent, je franchis le parapet, et je m'élance dans le fleuve pour y cacher ma honte et pour y finir une existence désormais flétrie !!!...

Mais quel fracas !... Où suis-je ?... M'a-t-on sauvé de l'abîme des eaux ?... mon front dégoutte encore !... Je suis couché dans un bon lit.... Mais, par Dieu, je le reconnais...., c'est le mien !... et puis, voilà ma chambre !.... je me frotte les yeux, je recueille mes sens, j'examine.... je réfléchis.... je comprends enfin, j'ai rêvé !!

J'ai rêvé, et, sous l'influence des pensées qui occupaient mon esprit la veille, en m'endormant, j'ai rêvé que j'étais à Paris, que je parcourais Paris, que je me noyais à Paris. Et en me débattant j'ai saisi et précipité sur ma tête le pot plein d'eau placé sur ma table de nuit. La cuvette s'est brisée sur le parquet, le pot s'est brisé sur mon front en l'inondant d'une masse d'eau fraîche. De là tout ce fracas ; de là, cette eau qui ruisselle sur mon pauvre bonnet de coton ; de là enfin, mon brusque réveil !!

Les mésaventures auxquelles j'avais été exposé en rêve auraient pu paraître à certains esprits faibles un avertissement du ciel pour les faire renoncer à leur projet de voyage. Je ne m'arrêtai pas à un tel fatalisme, et je persistai dans mon dessein.

J'allai donc, dans la même matinée, à l'hôtel de l'ambassade française, demander un de ces tout-puissants morceaux de papier, sans lequel l'entrée du royaume de France m'aurait été interdite. On prit en note mon nom, mon prénom, mon âge, ma profession, ma destination et plusieurs autres minutieuses particularités relatives à ma personne; puis l'on m'invita à revenir le lendemain à la même heure pour retirer mon passe-port.

Cette petite affaire étant terminée, j'allai dans *Regent-Circus*, ce rendez-vous de tous les voyageurs. Là je me mis à méditer pendant assez longtemps sur le choix de l'entreprise à laquelle je confierais le soin de transporter ma personne à Paris. Mes réflexions portaient à la fois sur deux objets : Paris était certainement le premier, mais la dépense était certainement aussi le second. La vanité me criait : « Pars! » l'économie murmurait à mon oreille : « Reste! » Cependant les circonstances me parurent assez favorablement arrangées, pour me permettre de concilier les excitations de la vanité avec les conseils de l'économie. La compagnie de l'*Aigle Royal* m'offrait de me conduire à Paris pour vingt-six schellings, et la compagnie du *Taureau*, moyennant vingt et un schellings. Ainsi, moyennant vingt et un schellings je pouvais m'élever au niveau des présomptueux Muggins! En vérité, c'était un bon marché trop évident pour hésiter. L'*Aigle Royal* était certainement un noble oiseau, et il me promettait de me conduire à Paris en 48 heures, tandis que le *Taureau* en demandait 50 ; mais le *Taureau* prenait cinq schellings de moins que l'*Aigle Royal*, et cette différence faisait plus que compenser l'autre. Aussi, dès ce moment, toute mon hésitation disparut ; et l'*Aigle Royal* eut-il été un *phénix* que je n'en aurais fait aucun cas! Je pris

donc la résolution définitive de...... de rentrer immédiate-
ment chez moi pour dîner, bien décidé à donner ensuite la
préférence au *Taureau.*

Pendant le trajet de *Regent-Circus* à ma maison, j'explorai
avec soin les étalages des libraires, afin de me pourvoir des
ouvrages qui pouvaient m'être utiles pendant mon voyage.
J'eus le bonheur de rencontrer l'occasion d'acheter pour huit
schellings un *Guide de l'Étranger à Paris* daté de 1815, et un
Trésor de l'Ecolier anglo-français. Ce dernier livre me parut
surtout d'un grand mérite, il contenait les phrases les plus es-
sentielles à un voyageur, et il était enrichi d'une prononcia-
tion figurée capable d'initier le néophyte à la véritable pro-
nonciation de la langue française. Je ne peux résister à l'envie
de transcrire ici, pour l'édification de mes lecteurs, un extrait
de ce livre précieux et de la manière intelligente dont il ex-
primait l'accent français.

PHRASES ANGLAISES.	PHRASES FRANÇAISES CORRESPONDANTES.	PRONONCIATION FIGURÉE DU FRANÇAIS.
How's your mother?	Comment se porte votre mère?	Commong si port' vote mare?
What a shocking bad hat!	Quel chapeau épouvantable!	Kell chapo pàouf-onetabeul!
It's all very well, M. Ferguson; but you don't lodge here!	C'est très bien, M. Ferguson; mais ce n'est pas possible que vous pouvez rester ici!	Say tray byéing, M. Fargàoussonne; may say nay pas pàosscibeul kay vàou pàouvay restay ci!
Oh spirituel man! there you go with your eye out!	O homme spirituel! vous voilà sans un œil!	Oh àoum spiritouïoul! vàou voàla sans àonne ale!
Who stole the donkey?	Qui a volé l'ane!	Ki la volay l'ann'!
Flare up!	Sacrebleu!	Sakkeur-bleu!

Vous pouvez juger du plaisir que me causa la possession de
ce précieux livre. Je fus très satisfait aussi en examinant le
Guide des Voyageurs à Paris. Quoique ce livre eut déjà une
date un peu ancienne, je pensai en l'examinant qu'il me serait
cependant fort utile. Il était orné de nombreuses gravures représentant les principaux monuments et les plus beaux points
de vue de Paris ; il contenait aussi de nombreuses indications qui me parurent très intéressantes. A en juger par le
Guide de l'Etranger à Paris, cette ville devait être magnifique;
je ne trouvai dès-lors rien d'étonnant dans l'admiration que
la famille Muggins professait pour cette belle cité.

Je restai pendant plusieurs heures le nez plongé dans ma
nouvelle acquisition, admirant les gravures et parcourant le
texte.

Je vis d'abord le Louvre, ce beau palais ! puis le Panthéon,
édifice superbe, auquel cependant je préférai notre Saint-
Paul ; puis le château des Tuileries dont les toits élevés
et à pente très inclinée excitèrent mon étonnement ; enfin l'Arc
de triomphe, monument vraiment admirable, grandiose et
puissant, dont la vue me sembla devoir seule suffire pour mo-
tiver et compenser la dépense du voyage de Londres à Paris.

Je lus ensuite la description des cafés, puis celle des restaurants et de leurs *cartes* contenant la liste des mets offerts aux
consommateurs, et quelles cartes bien garnies ! quels dîners
elles offrent ! pour vous en faire juger, ô lecteur, je transcris
cette indication de mon *Guide des Voyageurs à Paris :*

« Dîner à la carte à quarante sous par tête : potage, quatre
plats au choix, dessert, une bouteille de vin et pain à discrétion ! »

PAIN A DISCRÉTION ! entendez-vous, pauvres gens de notre
vieille Angleterre qui, moyennant une somme équivalente
à celle que coûte *tout* ce dîner, pouvez à peine obtenir à Londres assez de pain pour apaiser votre faim ! Pain à discrétion,
plus un potage, plus quatre plats au choix, plus du dessert, plus
enfin une bouteille de vin !! O Paris, Paris, charmant et déli-

cieux Paris!!! Je vous comprends et je vous approuve maintenant, dignes Muggins! il me semble, en effet, que celui qui
n'a pas vu Paris n'a rien vu!....

CHAPITRE II.

Le lendemain matin, à l'heure indiquée, je me rendis à
l'ambassade française pour retirer mon passe-port. On me fit
entrer dans une pièce où plusieurs personnes étaient déjà ins-
tallées, attendant sans doute pour un motif semblable à celui
qui m'amenait. On appela successivement chacun de nous.
Mon tour vint bientôt : ce ne fut pas sans quelque émotion que
je me vis introduit devant M. César de Barguignoles, chargé
d'affaires de l'ambassade. On me demanda de nouveau quels
étaient mon nom, mon âge, mon domicile, ma profession, ma
destination. Je répondis promptement et succinctement à cet
interrogatoire pendant lequel M. César de Barguignoles ne
cessa de me regarder avec la plus grande attention. Enfin, un
des secrétaires de Monsieur le chargé d'affaires me remit un
carré de papier qu'il me dit être le *passe-port* demandé, et me
reconduisit fort poliment jusqu'à la porte.

A peine rentré chez moi, je déployai ce papier si important
et je l'examinai avec attention.

Après avoir admiré, comme cela convenait, les armoiries
royales de France qui surmontaient le passeport, je voulus
connaître le contenu de cette pièce officielle. Après une heure
de travail, et grâce au secours d'un dictionnaire de poche
français-anglais, je reconnus que le passe-port était ainsi
conçu.

AU NOM DU ROI.

*Il est enjoint à tous Maires, Préfets, Commandants de gar-
nison et autres Autorités, de RECEVOIR et PROTÉGER le*

sieur Timothée Twig, *de la maison* Twig *et* Figg, *épicier en gros et marchand de fruits étrangers, demeurant dans Rose-mary-Lane, se rendant à* PARIS, *viâ* CALAIS *ou* BOULOGNE, *et de lui donner aide et assistance de tout leur pouvoir en cas de nécessité.*

Le chargé d'affaires du royaume français,

César de Barguignoles.

Je fus très flatté de la teneur de ce passe-port. Il était impossible d'être plus poli et plus obligeant. Au nom du roi! certes, cela est quelque chose ; et ensuite : « *Il est enjoint à tous Préfets, Maires et commandants de garnison de recevoir.....* » En vérité on ne pouvait rien dire de plus!!

Je fus infiniment flatté de me trouver ainsi un homme de grande importance aux yeux de tous « préfets, maires et commandants de garnison » du royaume français. Je ressentis une vive satisfaction à la pensée de l'effet que produirait sur les magistrats la lecture de mon bienveillant passe-port. Pour mieux apprécier la justesse des recommandations exprimées dans cette pièce officielle, je me posai devant le miroir qui ornait ma chambre, et prenant successivement des attitudes dignes et majestueuses, je crus reconnaître que je méritais parfaitement ces obligeantes recommandations.

Sans doute, pensai-je en me mirant dans ma glace, sans doute, la grâce et la noblesse de ma personne ont déterminé M. César de Barguignoles à me donner une lettre si flatteuse pour les fonctionnaires publics de la France. En vérité, ce *Monsieur le chargé d'affaires* a du tact et du goût; car je peux dire que je suis incontestablement le plus bel homme de tout *Rosemary-Lane.*

Ah! Pénélope Muggins! Pénélope Muggins! Que direz-vous quand vous verrez ceci! ne serez-vous pas forcé de reconnaître et d'avouer..... Mais, par le ciel, je n'ai pas tout lu ce passe-port! Que diable y a-t-il écrit en marge comme le détail des colis d'une lettre de voiture?.....

Je repris ma place et mon dictionnaire pour traduire cette partie jusqu'à ce moment inaperçue, et qui portait pour titre : DESCRIPTION.

Jamais mortel placé inopinément en présence d'un effrayant fantôme n'éprouva une horreur pareille à celle qui me saisit, en voyant mon soi-disant portrait tracé sur la marge de ce passe-port qui m'avait d'abord semblé être une si agréable lettre d'introduction auprès de *tous préfets, maires et commandants de garnison!*

Quel portrait avait fait de moi ce César de Barguignoles! J'en conserverai l'amer souvenir pendant toute ma vie. Je veux bien, mon cher lecteur, mettre cette *description* sous vos yeux; mais, je vous en prie en grâce, gardez m'en le secret, et surtout n'en parlez jamais à la famille Muggins!!

Voilà ce diabolique extrait :

DESCRIPTION!!!

CHEVEUX *rouge ardent.*

Mensonge ! Mes cheveux sont blond prononcé.

FRONT *bas et ridé.*

Ridé!... trois plis, tout au plus.

YEUX *ronds, gris-vert.*

Exagération malveillante !

REGARD *louche.*

Abominable fausseté.

NEZ *petit et camard....* oh !....

MENTON *carré et rentrant....* ah !....

BOUCHE *grande et dégarnie.*

Il me manque seulement sept dents de devant.

JAMBES *cagneuses.*

Ignoble calomnie!

PHYSIONOMIE *commune.*

Insolent mensonge!

TAILLE *cinq pieds....* et un pouce avec, s'il vous plaît.

AGE *trente ans.*

Seule indication vraie.

Infâme caricaturiste, m'écriai-je, indigné, en froissant ce maudit passeport dans mes mains crispées ! Infâme caricaturiste, car ta *description*, comme tu l'appelles, n'est pas un portrait, mais une calomnieuse caricature ! Crois-tu donc que j'irai présenter ton offensante recommandation à tous préfets, maires et commandants de garnison de ton pays ? Crois-tu que j'irai exhiber ton malencontreux passeport dans toutes les villes de France où j'entrerai, afin d'essuyer les sarcasmes des soldats qui en gardent les portes, ou les malins sourires des employés subalternes ? Impudent chargé d'affaires, puisses-tu être chargé de malédictions. Tu pensais te jouer de moi, méchant scribe ! tu t'es trompé. Je n'aurai pas la maladresse de mettre moi-même en circulation ma propre caricature. Je ne serai pas assez sot pour porter mon or dans ta France, au détriment de ma vieille Angleterre. Peu m'importe ce que pourront penser et dire les Muggins. Après tout, ma vie ne dépend pas de Pénélope Muggins et des quatre mille livres sterling formant sa dot. Il a raison le vieux proverbe qui dit : « Il y a encore du bon poisson à prendre dans la mer. »

En achevant ce magnanime soliloque, je jetai de côté le passeport, le dictionnaire, le *Guide de l'Étranger à Paris*, et le *Trésor de l'Ecolier anglo-français*, je pris mon chapeau et, me précipitant hors de chez moi, j'allai rafraîchir mon sang par une promenade.

Je parcourus *Oxford-Street*, puis *Regent-Street*. Je passai avec une dédaigneuse indifférence devant les bureaux de l'*Aigle Royal* et devant ceux de la compagnie du *Taureau*, sans même y jeter un regard, et comme si je n'avais jamais pensé à utiliser leurs services pour faire un voyage sur le continent. Je continuai ma promenade en sentant le calme renaître de plus en plus dans mon âme. J'arrivai enfin dans *Hay-Market*, ayant reconquis toute ma tranquilité morale habituelle.

Je marchais en réfléchissant sur toute l'affaire qui m'avait si vivement préoccupé, lorsque je me sentis saisi et arrêté par le bras. Je me retournai vivement et je reconnus, à mon grand plaisir, dans celui qui avait ainsi interrompu ma promenade et mes méditations, mon ancien ami Tom Taylor, avec lequel j'avais été, pendant quatre années, apprenti dans l'honorable maison Muscado Pruno et Cᵉ, épiciers en gros dans *Lombard-Street*.

Tom n'avait aucune disposition pour le commerce ; tout son plaisir était de lire et d'étudier. Il avait fini par abandonner la carrière du poivre et du café pour en suivre une moins lucrative, mais plus avantageuse au point de vue des intérêts intellectuels. Après les études nécessaires, il s'était engagé dans les ordres sacrés, et il avait été nommé récemment ministre dans un village voisin de Londres. Si ce modeste emploi ne lui avait pas valu beaucoup d'argent, il lui avait permis d'acquérir une belle et honorable réputation, et, ce qui était mieux encore, il lui avait fourni l'occasion de connaître une jeune miss, aussi aimable que belle, dont il avait eu le bonheur d'obtenir la main. Il y avait peu de temps qu'il était marié ; il avait amené sa jeune femme à Londres pour lui faire connaître cette ville où elle n'était jamais venue.

Après les premières salutations, après nos exclamations simultanées sur le plaisir réciproque que nous causait cette heureuse rencontre, le révérend ministre me présenta à sa femme. Il m'invita ensuite à les accompagner tous deux dans l'exploration qu'ils voulaient faire, et à dîner avec eux.

— J'accepterais avec grand plaisir votre agréable invitation, répondis-je à mon ancien ami, mais la vérité est que, ce matin, j'avais formé le dessein de partir aujourd'hui même pour Paris.

— Pour Paris !... s'écria Tom étonné. Mais dans quel but voulez-vous entreprendre un tel voyage, ami Twig ?

— Dans le désir de voir cette ville qu'on dit si belle.

— Voir Paris, ami Twig ! mais, n'y a-t-il donc rien d'intéressant à voir dans notre Londres, pour que vous alliez sur le continent chercher satisfaction à votre curiosité? Avez-vous visité toutes les admirables choses que Londres contient? connaissez-vous, par exemple, l'intérieur de *Westminster-Abbey?*

— Non, en vérité, je dois en convenir, répondis-je.

— Quoi, serait-il vrai! vous ne connaissez pas ce monument qu'on dit si beau, s'écria Mistress Taylor! je vous assure que cela m'étonne beaucoup.

— Avez-vous visité la tour de Londres, continua le révérend ministre?

— Pas davantage, je l'avoue.

— Et l'église de saint Paul?

— Non, en vérité.

— Et le jardin zoologique?

— Jamais.

— Dieu me bénisse, mon cher ami, s'écria le ministre, en poussant mon bras sous le sien, vous pouvez sans scrupule ajourner votre voyage à Paris à quelque temps d'ici. Vous savez le proverbe : « N'allons pas glaner chez le voisin, quand nous avons à moissonner notre propre champ ». Acceptez donc notre invitation : nous prenons votre journée ; nous vous ferons connaître ce Londres que vous avez *vu* tous les jours, depuis tant d'années, sans l'avoir, à ce qu'il paraît, *regardé* jamais.

Il n'était guère possible de résister à cette aimable insistance; j'acceptai l'invitation qui m'était faite de si bonne grâce.

Notre première visite fut pour *Westminster-Abbey.* Je n'avais jamais vu l'intérieur de ce temple magnifique ; je fus frappé d'admiration en y entrant. Le silence majestueux qui régnait sous ces voûtes recouvrant les cendres des rois anglais et de tous les hommes illustres ou remarquables dont s'honore la Grande-Bretagne, le grandiose et la beauté de l'architecture intérieure, le jour mystérieux pénétrant par les fenêtres découpées en dentelle, tout, dans ce bel édifice, se réunissait pour disposer l'ame à des réflexions sérieuses. Mon ami le révérend Tom Taylor, nous fit quelques remarques touchantes sur la fragilité des grandeurs humaines qui passaient dans le monde comme un brillant météore, et venaient s'éteindre sous ces voûtes dans la nuit du tombeau.

Nous voulûmes examiner quelques-unes des inscriptions gravées sur les nombreux monuments funéraires qui décorent ce temple. Le premier nom qui s'offrit à nos yeux fut celui de Pitt, le grand ministre ; le second fut celui de Shakespeare, le grand poète dramatique. Mon ami nous fit remarquer quel singulier hasard avait placé auprès l'un de l'autre deux hommes qui avaient si bien su exploiter et mettre en scène, l'un d'une manière réelle, l'autre d'une manière fictive, les passions et les faiblesses de l'humanité. Après le monument du grand poète tragique, nous remarquâmes, sur un somptueux sarcophage, une statue en marbre blanc serrant entre ses bras, avec l'expression du désespoir, une urne funéraire. Curieux, nous nous approchâmes et nous lûmes l'inscription suivante :

DANS CE TOMBEAU

REPOSE !!

LE NOBLE LORD Octavio BRIMBORION !!

! ! !

CE JEUNE SEIGNEUR DONNAIT

LES PLUS BELLES

ESPÉRANCES !!

IL AVAIT DÉJA QUATRE DENTS !!

QUAND IL A ÉTÉ ENLEVÉ !

A L'AGE

DE DIX MOIS !!

PAR L'IMPITOYABLE

MORT ! ! !...

! ! !

PRIEZ POUR LUI !!!

! ! !

Le bedeau qui nous accompagnait remarquant l'étonnement que nous causait la lecture de cette inscription, nous apprit que, moyennant forte somme, tout le monde pouvait se faire enterrer dans le temple consacré à la sépulture des rois et des grands hommes anglais. Beaucoup de gens, poussant l'orgueil au-delà même de la durée de la vie, achètent à prix d'or cette vaine distinction qui sauve leur nom de l'oubli pour le livrer au ridicule.

Cet incident refroidit quelque peu notre enthousiasme; mais nous n'en restâmes pas moins pénétrés d'admiration pour la beauté du temple.

De *Westminster-Abbey*, nous allâmes à la Chambre des lords. Ce n'était pas le moment des séances. Nous fûmes introduits dans la grande salle : nous ne manquâmes pas, selon l'usage adopté par tous les visiteurs, de nous asseoir les uns après les autres sur la balle de laine servant de siége au président, et d'essayer les fauteuils dans lesquels se prélassent les nobles pairs. Nous ne nous aperçûmes pas que ces actes de futile curiosité eussent rien ajouté à notre mérite, ni même, il faut l'avouer, à notre bien-être, car, en vérité, j'avais d'aussi bons fauteuils chez moi.

En sortant de la chambre des lords, nous nous rendîmes sur le bord de la Tamise, et nous nous embarquâmes pour Greenwich sur le bateau à vapeur le *Crache-Feu*. A peine étions-nous à bord, que le bateau leva l'ancre et partit pendant qu'un orchestre, établi sur l'arrière du bâtiment et composé de deux clarinettes, un ophicleïde et un violon, jouait à grand bruit l'air célèbre de « *God save the Queen* ». La marée était haute, le temps magnifique; les eaux scintillantes de la Tamise étaient sillonnées par une foule de barques et de navires de toutes formes et de toutes dimensions. Notre bâtiment, poussé par sa puissante machine, semblait voler sur les eaux. Bientôt nous eûmes dépassé le pont de Londres, ce modèle de légéreté, de solidité et de grâce ; nous découvrîmes alors l'immense quantité de vaisseaux qui, sans cesse renouvellée, couvre la vieille Tamise d'une forêt de mâts. Cette vue admirable que je n'avais jamais aussi bien pu apprécier, car jamais je ne m'étais embarqué sur le fleuve, m'arracha un cri d'admiration.

— Eh! bien, que dites-vous de ceci, me demanda Taylor?

— En vérité, répondis-je, il me paraît difficile que la Seine puisse offrir un plus ravissant coup d'œil!

Mes paroles firent sourire Taylor et il s'écria:

On voit bien, mon cher Timotheé que vous n'êtes jamais allé à Paris. Si vous aviez vu la Seine, vous ne penseriez pas à la comparer à la Tamise, à cette grande artère commerciale de l'Angleterre, à ce rendez-vous général des vaisseaux de tous les peuples du monde.

— Grand Dieu! m'écriai-je, il faut donc que les Muggins aient l'esprit singulièrement dérangé, pour qu'ils puissent faire un éloge aussi emphatique de Paris et du fleuve qui traverse cette cité!.....

Nous arrivâmes à Greenwich. Nous visitâmes, dans tous ses détails, l'intérieur de l'hôtel des Invalides, ce noble palais élevé pour servir d'asile aux marins blessés en servant leur pays. Nous vîmes la chapelle à la fois si belle et si simple, la grande salle illustrée par les nombreuses peintures représentant les hauts faits de la valeur britannique. Nous visitâmes enfin toutes les curiosités que renferme ce magnifique hôtel.

En voyant si calmes ces hommes qui tous avaient bravé la mitraille et la tempête, en les voyant recueillis par la reconnaissance du pays et abrités contre les orages de la vie comme de nobles vaisseaux paisiblement ancrés dans le port après de longs et périlleux voyages, nous fûmes pénétrés de respect et d'admiration.

Après une courte promenade dans le parc et une intéressante visite au *naval azylum*, cet autre palais élevé pour recevoir et instruire les enfants des marins anglais, le révérend Tom Taylor nous demanda par quelle voie nous voulions revenir à Londres.

Mistress Taylor, avec une complaisance exemplaire, déclara qu'elle s'en rapportait à ce que son mari et moi nous voudrions décider sur ce point.

Je ne fus pas de si aimable composition. Préoccupé d'abord par le soin d'aller retirer mon passeport, puis par l'indignation que m'avait causé la lecture de la calomnieuse description de ma personne inscrite en marge de ce passeport maudit, j'avais oublié de faire mon déjeûner ordinaire, et je commençais à sentir des tiraillements dans mon estomac profondément vide. Je priai, en conséquence, mon digne ami et sa jeune épouse de me permettre de leur offrir à dîner dans un des hôtels de Greenwich.

Mais Taylor me fit observer qu'il m'avait lui-même invité à dîner, que nous serions exposés à rencontrer mauvaise chère à Greenwich, tandis que si nous revenions de suite à Londres par le chemin de fer, nous arriverions dans la capitale, où nous pourrions dîner plus confortablement.

Je dus consentir à cette proposition malgré l'impatience de mon estomac. Heureusement un convoi allait partir: nous montâmes en wagon, quelques minutes après nous étions arrivés.

CHAPITRE III.

Le premier soin de mon ami fut de nous faire dîner. Il nous conduisit à l'enseigne du *Magot de la Chine*, en nous promettant que nous serions satisfaits de son choix.

Cependant je ne pouvais m'empêcher de penser encore à mon projet de voyage à Paris, et aux louangeux récits des Muggins sur cette grande ville. Comme je savais que Taylor avait fait récemment une excursion en France, je ramenais toujours, et presque malgré moi, la conversation sur ce sujet qui me préoccupait si vivement.

Pendant le dîner, je demandai donc à mon ami si la cui-

sine française, sur laquelle j'avais entendu et lu tant d'éloges, était réellement aussi variée et aussi exquise qu'on le disait, et surtout, s'il était vrai qu'avec un vieux soulier et un oignon, un cuisinier français pût faire un excellent potage capable de flatter délicieusement le palais d'Apicius lui-même.

— Quoi donc! Monsieur Twig, s'écria Mistress Taylor avec une expression d'anxiété excitée sans doute par ma question, auriez-vous trouvé mauvaise la soupe à la queue de bœuf qui vient de nous être servie?

— Non, en vérité, Madame, répondis-je, elle était fort bonne, et tout ce que l'on nous a servi a été parfait. L'étuvée d'anguilles était excellente, il serait difficile de manger du poisson plus frais et mieux accommodé, les œufs pochés étaient singulièrement bons, le beef-steak admirablement préparé, le hachis de venaison succulent et le plumb-pudding déclicieux.

— Vous ne dites rien de la pâtisserie, fit observer la jeune dame, je desire que vous ne l'ayez pas trouvée mauvaise.

—Certainement, Madame, répliquai-je avec empressement, la pâtisserie était exquise et des plus délicates. Je déclare qu'il faudrait être bien difficile, ou, pour mieux dire, bien injuste, pour oser faire le moindre reproche au mérite vraiment supérieur de tous les mets qui ont composé notre excellent et copieux dîner : aussi ne prétendais-je établir aucune comparaison en demandant quelques renseignements sur la cuisine française. J'avoue que je serais curieux de vérifier par moi même si l'on n'exagère pas l'étonnante variété qu'on lui attribue.

—Mon cher ami, me dit Taylor, cette variété serait en effet merveilleuse si elle était bien réelle ; mais cela n'est pas, je l'ai reconnu par moi-même pendant que j'étais à Paris.

Ainsi, vous entrez pour dîner chez un restaurateur : vous demandez la carte, on vous apporte un immense catalogue contenant la nomenclature de cinquante différentes entrées de veau, de cent entrées de bœuf, de deux cents entrées de mouton ! Il serait difficile que le chef de cuisine fût constamment en mesure de fournir à commandement cette immense variété de plats ; une supercherie habilement organisée supplée à cette évidente impossibilité.

Chaque sorte de viande est tenue au chaud dans de vastes terrines placées sur un feu modéré. Une autre terrine contient une sorte de sauce universelle, élément général de toutes les sauces possibles. Chaque fourneau est surmonté d'une étagère contenant un assortiment de cornichons, capres, moutarde, farine, pannure, sucre pilé, sel, poivre, épices, vin blanc, jus de citron, vinaigre, huile, enfin de tous les principaux ingrédients qu'emploie l'art culinaire. A proximité se trouvent des approvisionnements de cressons, herbes hachées, truffes séchées au four, des morceaux de palais de bœuf découpés en crête de coq, des écrevisses, et une foule d'autres objets servant aux divers apprêts de chaque sorte de viande. Ainsi organisée, la cuisine ressemble à un vaisseau gréé, armé et prêt à lâcher sur les consommateurs des bordées de plats de toutes dimensions, et de sauces de tous les goûts et de toutes les couleurs. Vous voici à table : vous demandez du *gigot de mouton à la sauce piquante*, le simple énoncé de cet ordre vous remplit agréablement la bouche, et vous vous attendez à recevoir quelque mets raffiné. Voici comment vous êtes servi : un chef de cuisine détache de suite un morceau d'une des pièces de mouton qui reposent dans les terrines ; il place ce morceau sur une assiette ; il l'arrose avec un copieux extrait de la *sauce universelle* ; puis il éparpille par dessus quelques capres ; enfin il termine l'opération en acidulant le tout avec *un filet* de vinaigre, dernière cérémonie de ce baptême culinaire qui vous gratifie d'un « *gigot de mouton* A LA SAUCE PIQUANTE ! » Il en est de même, à peu près, si vous demandez du *bœuf à la sauce aux tomates*, ou *à la jardinière*. Alors, au lieu de s'adresser à la terrine contenant le mouton, le chef s'adresse à la terrine contenant le bœuf : il coupe un morceau de cette viande, le place sur une assiette et l'arrose avec la *sauce universelle* qu'il colore en rouge avec *une pointe* de vermillon ou d'ocre rouge impalpable, si vous avez demandé du *bœuf à la sauce aux tomates*; ou qu'il teint en vert avec *une pincée* de sauge sèche pulvérisée, si vous avez préféré du *bœuf à la jardinière*. Point de différence si, au lieu du mouton et du bœuf, vous demandez du veau à quelque sauce que ce soit : le chef puise toujours dans la terrine contenant la viande que vous avez choisie, et il arrose toujours cette viande avec la *sauce universelle*, modifiée par un ou par plusieurs des ingrédients composant son arsenal culinaire.

Voici, mon cher Twig, comment est variée à l'infini la cuisine française. Dites maintenant si la nomenclature moins nombreuse, mais plus exacte, plus vraie et surtout plus naturelle de la cuisine anglaise, n'est pas infiniment préférable à cette variété factice, malsaine et presque dérisoire que présente la carte des restaurants français ?

— O Muggins! Muggins! pensai-je, en entendant ces curieuses révélations, est-il possible que vous vous soyez laissé prendre et éblouir par de telles supercheries!...

En sortant de table, nous nous fîmes conduire par un fiacre au Jardin zoologique.

Mistress Taylor et moi, nous fûmes émerveillés de toutes les curiosités que ce jardin renferme. Taylor, qui connaissait parfaitement l'histoire naturelle, nous donna de précieuses explications sur les nombreuses variétés de quadrupèdes et d'oiseaux vivants renfermés dans les cages élégantes qui décorent le jardin.

Nous payâmes le tribut accoutumé de biscuit à l'ours, de pommes à l'éléphant et de bourgeons d'aubépine à la giraffe. Nous admirâmes le cygne noir voguant majestueusement sur les eaux du bassin, au milieu d'une foule d'autres oiseaux aquatiques. Nous nous arrêtâmes pendant assez longtemps à nous divertir des gambades et des grimaces des singes. Enfin, après avoir parcouru tout le jardin, après avoir vu tous les ornements et toutes les constructions pittoresques qui l'embellissent, nous remontâmes en voiture et nous nous fîmes conduire au pied de *Primrose-Hill.* Nous gravîmes à pied cette colline. La peine que nous causa cette promenade ascendante fut largement compensée par le plaisir que nous éprouvâmes à la vue de l'admirable panorama que l'on découvre en arrivant au sommet. Le soleil descendait vers l'horizon, ses rayons presque horizontaux doraient les milliers de toits qui s'élèvent au dessus de Londres, et faisaient briller d'un scintillement flamboyant le dôme gigantesque de saint Paul qui domine toute la cité. A nos pieds s'étendait *Regent's-Park* et le Jardin zoologique que nous venions de visiter. Mistress Taylor était enchantée ; mon révérend ami déclara qu'il était difficile de jouir d'une vue plus agréable.

— J'ai entendu faire les plus grands éloges de la colline de Montmartre, dis-je, en m'adressant à Taylor, est-il vrai que cette colline soit le *Primrose-Hill* de la ville de Paris?

— Qui a pu vous dire une telle chose, mon cher Timothée, s'écria Taylor! la colline de Montmartre mériterait plutôt le nom de *Rubbish-Hill* (1) que celui de *Primrose-Hill*! (2) Figurez-vous une sorte de rocher aride, nu, percillé de carrières de pierre, surmonté à son sommet d'un méchant moulin à vent tout délabré, et vous aurez une idée des attraits que Montmartre offre aux curieux.

Les renseignements que mon ami Taylor avait la complaisance de me donner sur Paris, m'étonnaient de plus en plus. Je ne pouvais comprendre quel engoûment bizarre portait les Muggins à donner de si pompeux éloges à des merveilles aussi apocryphes. Les réflexions que je fis à ce sujet tendaient à refroidir mon enthousiasme déjà singulièrement attiédi par le malencontreux incident du passeport; cependant j'étais toujours préoccupé de mon projet de voyage.....

(1) *Rubbish-Hill,* colline des ruines.
(2) *Primrose Hill,* colline des roses précoces.

Après que nous eûmes admiré à notre aise la magnifique vue dont on jouit du sommet de *Primrose-Hill,* nous nous disposâmes à rentrer à Londres. Taylor nous proposa de compléter les plaisirs de cette journée en allant passer notre soirée au théâtre. Nous acceptâmes avec empressement cette agréable proposition.

Notre voiture nous conduisit donc à *Drury-Lane.* On devait représenter *Hamlet* et la salle était presqu'entièrement garnie.

Avant que le spectacle commençât, et pour occuper nos moments d'attente, je demandai à Taylor ce qu'il pensait de l'état actuel de l'art dramatique en France.

— Il faut que vous sachiez, répondit mon révérend ami, qu'il y a eu en France deux écoles dramatiques bien distinctes et toutes deux remarquables par le talent des auteurs qui les ont illustré. L'une est désignée sous le titre d'école classique, l'autre sous celui d'école romantique. La première fondée par Corneille, Racine et Molière, suivait les erremcnts des auteurs anciens. Elle donnait des leçons de morale et fustigeait le vice ; mais son mérite était gâté par un caractère général de pédanterie, de dignité guindée, et aussi, disons-le, par des facéties de bas étage voisines de la trivialité. La seconde, intronisée par Victor Hugo et Alexandre Dumas, et appuyée par l'aveugle engoûment de la mode, a suivi une route toute contraire: visant, du moins en apparence, au seul but d'exciter de vives et même de violentes sensations dans l'ame des spectateurs, cette école a employé tous les moyens qu'elle a cru capables de la conduire au résultat qu'elle désirait, sans examiner si ces moyens étaient bons ou mauvais. Il est arrivé de là qu'une fois engagée dans cette fausse route, l'école romantique, entraînée sur une pente rapide, est descendue d'exagération en exagération jusqu'à l'immoralité et à la démoralisation, et qu'elle a perverti le goût des Français, si même elle n'a pas eu le funeste pouvoir de pervertir leurs cœurs.

— Est-il possible que vous disiez la vérité, m'écriai-je étonné ! Quoi, ce théâtre français si vanté, aurait-il autant dégénéré ?

— Croyez, mon cher ami, que je n'exagère pas. Un recueil périodique a fait une curieuse énumération statistique dont je crois pouvoir me ressouvenir assez pour vous la rapporter exactement; elle vous donnera la preuve que mon opinion est fondée sur les faits. Ce journal a calculé que les dix drames les plus famés de l'école romantique française mettent en scène huit femmes adultères, cinq courtisanes, onze amants ou maîtresses qui assassinent l'objet de leur amour et six enfants naturels ou adultérins, héros qui débitent les plus ardentes déclamations contre l'organisation de la société et contre la légitimité de la naissance. Je vous fais grâce des amours incestueux, des jeunes femmes séduites, et de deux jeunes filles qui accouchent presque sur la scène!.. Que dites-vous de cette expressive nomenclature, ami Timothée? Ne vous semble-t-elle pas une preuve convaincante de la dégradation de l'art dramatique en France?

— Je vous avoue que je suis confondu d'étonnement, répondis-je, mais le public français n'a-t-il donc pas le sentiment des mœurs, des convenances et du bon goût, et ne fait-il pas justice de pareils déréglements.

— Pour être vrai, reprit Taylor, il faut reconnaître que les Français, un moment séduits par les brillants oripeaux qui paraient l'école nouvelle, sont bientôt revenus de cette illusion déplorable. Le goût éclairé de la population commence à repousser ce dévergondage littéraire; mais cet heureux changement n'est pas complet encore, et les esprits sérieux peuvent s'alarmer avec raison des fâcheuses conséquences qui peuvent dériver de cette erreur temporaire d'une nation trop souvent entraînée par l'ardeur de son imagination.

Le commencement de la représentation mit brusquement fin à ces révélations qui produisaient une vive impression sur mon esprit.

Le chef-d'œuvre du grand tragique anglais fut admirablement joué; les acteurs recueillirent des applaudissements mérités et nombreux.

En sortant du théâtre, j'accompagnai mon révérend ami et son aimable femme jusqu'à la porte de leur hôtel. Je les quittai après avoir obtenu leur promesse qu'ils viendraient le lendemain dîner avec moi à la célèbre taverne de l'Ancre couronnée.

CHAPITRE IV.

Je rentrais chez moi en repassant dans mon esprit les incidents de l'agréable journée qui venait de s'écouler. Comme il était tard, les rues étaient presque désertes et je marchais d'un pas rapide. Tout-à-coup je suis arrêté par une jeune fille d'une mise à la fois élégante et modeste, qui implore en sanglottant mon secours pour la tirer d'un fâcheux embarras. La voix douce et l'air désolé de la jeune suppliante font naître en mon cœur une vive émotion. Je lui demande en quoi je peux lui être utile; elle me raconte qu'elle est arrivée depuis fort peu de jours à Londres où elle est venue voir sa sœur récemment mariée avec un négociant de cette ville. Elle a voulu dans la journée faire une promenade dans la cité; elle a cru pouvoir se diriger seule, elle s'est égarée. Depuis plusieurs heures, elle erre sur le pavé de Londres, espérant toujours pouvoir retrouver sa route, et n'osant demander qu'on la lui indique. Enfin, désespérant de réussir, voyant l'heure avancée, et inquiète de l'anxiété que son absence prolongée doit causer à sa sœur et à son beau-frère, elle a surmonté sa timidité, et s'est décidée à implorer mon secours.

Je la questionne pour connaître dans quelle rue demeure son beau-frère. Elle me cite un nom de rue qui m'est complètement inconnu. Je lui explique mon ignorance, elle me nomme plusieurs rues voisines, et continuant ses indications avec une aisance et une tranquillité que j'attribue sottement à la confiance que je lui inspire, et qui ont une toute autre cause, comme je l'appris bientôt à mes dépens,

elle me donne avec une singulière exactitude la désignation
du quartier où elle veut se rendre.

Les lieux que la jeune égarée m'indiquait étaient heureusement peu éloignés de la rue où nous étions, et fort voisins de
celle que j'habitais moi même. Je lui offris de la conduire jusqu'à la maison de son beau-frère. Acceptant d'un air empressé, elle passa sans plus de cérémonie son bras sous le mien,
et nous nous mîmes en route.

Ma jeune compagne, parfaitement rassurée, entretint presque joyeusement la conversation pendant tout le trajet. Je ne
laissai pas que de m'étonner de la promptitude avec laquelle
son inquiétude et ses larmes avaient disparu. Bientôt nous
arrivâmes dans la rue voisine de celle où elle m'avait dit que
demeurait son beau-frère. Elle m'annonça qu'elle reconnais-
sait parfaitement les lieux, et m'indiqua une petite ruelle
étroite et sombre dans laquelle, me dit-elle, devait être la
maison que nous cherchions.

A peine avions-nous fait quelques pas dans cette rue téné-
breuse, que deux hommes, sortant brusquement d'une allée
voisine, se précipitèrent sur nous avec violence. A l'instant la
jeune effrontée qui venait sans doute de jouer un rôle concer-
té avec les chenapans qui paraissaient sur la scène, dégagea
son bras du mien et disparut dans l'ombre en poussant un ma-
lin éclat de rire. Je restai seul en présence des deux bandits.
Ils ne me laissèrent pas longtemps indécis sur le sort qu'ils me
réservaient. Avant que j'eusse pu pousser un cri, chacun
d'eux déchargea sur moi un coup du bâton plombé dont il
était armé. Frappé à la fois sur la tête et sur le corps, je tom-
bai évanoui.

J'ignore combien de temps je restai privé de sentiment.
Quand je revins à moi, j'étais étendu au milieu de la rue, à
moitié dépouillé de mes vêtements. J'essayai de me relever;
un cri de douleur m'échappa, j'avais un bras cassé. Heureusement ce cri de douleur fut entendu par un policeman qui accourut. Grâce à son secours, je pus me rendre chez moi Un

chirurgien fut promptement appelé. Ses soins m'eurent
bientôt soulagé; il m'assura, en me quittant, que cet accident
fâcheux n'aurait aucune suite sérieuse.

Mon premier soin, le lendemain matin, fut de faire écrire à
mon ami Taylor. Il accourut aussitôt qu'il eut appris le mal-
heur qui m'était arrivé.

Quand je lui eus raconté tous les détails de cet évènement
déplorable, il me fit de douces railleries sur mon empressement à secourir les belles éplorées, et finit par me faire rire
moi-même de cette mystification qui me coûtait seulement
ma bourse, mes bijoux, une partie de mes vêtements et un
bras cassé, tandis qu'elle aurait pu me coûter la vie.

— J'espère, mon cher Twig, me dit en souriant Taylor, que
cette mésaventure calmera votre envie d'aller courir le monde
hors de votre pays. Vous conviendrez avec moi que c'est assez
des chances fâcheuses qu'on est obligé de souffrir chez soi,
sans qu'on s'expose de gaîté de cœur aux chances plus fâcheuses encore qu'on peut encourir chez les autres.

— Vraiment, mon cher Taylor, répondis-je, vous me jugez
trop sévèrement. Ce n'était pas une futile curiosité qui m'en-
gageait à faire le voyage de Paris. A vous, qui êtes mon ami,
j'avouerai que j'avais un motif plus grave et plus important.

— Eh bien, quel était ce motif? Ne me faites pas vos con-
fidences à demi; dites-moi tout, qui sait si je ne pourrai pas
vous être utile.

— Je cède volontiers à vos instances. Aussi bien j'éprouve-
rai un soulagement à mon anxiété, en vous en faisant connaître le motif.

Sachez donc que je suis amoureux, oui amoureux fou de Miss
Pénélope Muggins; sachez que mon plus vif désir est de lui
plaire et d'obtenir sa main; sachez que Miss Pénélope et toute
sa famille sont allés à Paris, raffolent de Paris, n'estiment que
ce qui vient de Paris, dédaignent tout ce qui n'a pas vu Paris,
et comprenez enfin quel déplaisir je dois éprouver de ne pouvoir obtenir par un voyage à Paris ce prestigieux avantage de

la possession duquel dépend peut-être le succès de mes vœux !

— Vous exagérez sans doute l'effet du voyage que vous méditiez. J'aime à penser que la famille Muggins ne ferait pas dépendre d'une condition si peu importante son consentement à votre union avec Miss Pénélope. Cependant je dois avouer que votre confidence jette plus de gravité sur vos projets de voyage ; mais le malheureux accident que vous venez d'éprouver vous force d'ajourner votre *pélerinage* à Paris. Prenez donc votre mal en patience et songez avant tout à vous guérir.

— Maudite soit l'effrontée coquine qui m'a conduit dans ce guet-à-pens ! Si jamais on me rattrape à donner secours à qui que ce soit, je consens bien à.... aie! aie!.... J'en ai au moins pour un mois avant d'être guéri !....

— Allons, calmez-vous, un mois est bientôt passé.... Mais, il me vient une heureuse idée. Si vous vouliez me croire, vous utiliseriez ce mois d'arrêts forcés pour aller à Paris sans sortir de votre chambre....

— Vous n'êtes pas généreux de me plaisanter en un pareil moment !

— Je ne plaisante pas ; écoutez le projet que je viens de former. L'accident qui vous est arrivé vous force à garder la chambre pendant quelque temps. Au lieu de rester à Londres, venez chez moi. Dans trois jours vous pourrez supporter le trajet des quelques milles qui séparent ma résidence de la capitale, surtout si vous faites ce trajet par le chemin de fer. Vous savez que j'ai habité Paris pendant près d'une année. J'ai dans ma bibliothèque l'excellent ouvrage intitulé *Paris and its environs* : pour peu que vous y mettiez de la bonne volonté, grâce aux nombreuses gravures contenues dans cet ouvrage et aux indications que je me ferai un plaisir de vous donner, vous pourrez arriver rapidement à connaître l'aspect général, les principaux monuments, les usages et la population même de Paris, sans quitter votre fauteuil.

L'obligeante proposition de Taylor était séduisante, il insista tellement pour que je l'acceptasse, que je ne pus refuser. Trois jours après, j'étais installé dans son presbytère.

Je passai trois semaines chez mon révérend ami. Au bout de cet espace de temps, j'étais complètement guéri de mon accident, et les agréables conversations de Taylor, ainsi que l'étude des gravures et du texte de son précieux volume *Paris and its environs*, m'avaient appris *mon Paris* comme si j'avais habité pendant six mois cette capitale. Je le remerciai vivement, ainsi que son aimable femme, de leur obligeante et affectueuse hospitalité, et je revins à Londres.

Ma première visite fut pour les Muggins. Mon cœur était agité de pulsations précipitées au moment où le domestique m'introduisit dans le salon. Mon pauvre cœur battit bien plus fortement encore, quand je reconnus que miss Pénélope Muggins était seule dans l'appartement. Mes jambes tremblantes avaient peine à me soutenir, ma langue embarrassée avait peine à parler.

Miss Pénélope, en me voyant, poussa un petit cri qui me parut inspiré au moins autant par le plaisir de me voir que par la surprise. Cet agréable accueil raffermit mes esprits.... et mes jambes. Je m'empressai de demander en balbutiant des nouvelles de la famille.

— Tout le monde se porte à merveille, me répondit la charmante miss ; et vous, Monsieur Twig, continua-t-elle, donnez-moi des nouvelles de votre santé, dites-moi ce que vous êtes devenu pendant ces trois longues semaines écoulées sans que nous ayons eu le plaisir de vous voir ?

— Oui, certainement, miss... ma santé, ...certainement... certainement..... eh!... hum!.... brum!.... parce que.... dans le fait.... sur le continent.... un grand voyage.... hum!... visiter Paris.... je le connais, Paris, oui, Paris et tout le reste....

— Que me dites-vous, Monsieur Twig? Serait-il possible que, sans nous prévenir, vous soyez allé à Paris? Quoi! vous revenez de Paris!... Mais, en vérité, c'est charmant, c'est étonnant, c'est.... Maman, Coralie, papa!! venez donc, venez vite!!... Ah Monsieur Twig, c'est joli de faire de telles incartades !... J'espère au moins que vous allez nous donner des nouvelles de Paris, de ce cher Paris !

Les exclamations et les interrogations de miss Pénélope se seraient peut-être indéfiniment prolongées, si elles n'eussent été interrompues par l'entrée de toute la famille attirée par les bruyants appels de l'aimable miss.

Après les premières exclamations, il me fallut subir de suite un multiple interrogatoire sur Paris.

— Comment avez-vous trouvé les Tuileries, me demanda Monsieur Muggins ?

— Oh! les Tuileries, répondis-je, les Tuileries, superbe palais, masse imposante de bâtiments.... Certes, les Tuileries !... oh! très beau, très beau !

— Et le Louvre, demanda miss Coralie ?

— Quant au Louvre, je répondrai que le Louvre.... Ah ! le Louvre, ...magnifique colonnade,... architecture somptueuse.... Oh ! j'ai fort admiré ce palais ;... la place du Louvre a 120 mètres carrés de surface.

— Et le Grand-Opéra, demanda miss Pénélope ?

- Ne me demandez rien sur le Grand-Opéra. Les mots sont insuffisants pour exprimer ce que l'on éprouve au Grand-Opéra.... Le Grand-Opéra! oh ! le Grand-Opéra !.... prestiges, profusion de lumières, affluence de dames, riches costumes, merveilleuses illusions, acteurs délicieux, tout est admirable au Grand-Opéra !... et puis le foyer, le balcon, les stalles, les loges, la scène, la pompe des représentations, tout enfin... Oh ! le Grand-Opéra ! le Grand-Opéra ! qui pourrait jamais l'oublier.... après l'avoir vu !

— Je suis charmée, cher M. Twig, dit mistress Muggins, que vous paraissiez aussi satisfait de ce que vous avez vu à Paris. Vous comprendrez maintenant l'enthousiasme que nous a inspiré notre voyage dans cette belle ville.

— Ah! belle ville en vérité, Madame, belle et noble ville... Quand on pense aux magnifiques monuments qu'elle renferme..... la Bourse, avec ses soixante-six colonnes ; le palais de Justice avec sa magnifique barrière ; le château d'eau, où l'on voit des lions de bronze jetant de l'eau par la gueule ; l'église de Notre-Dame, découpée comme une dentelle, et ses deux tours qui s'élèvent comme des sentinelles veillant sur Paris ; le pont du Change, ainsi nommé du nom des changeurs qui l'habitaient autrefois ; la colonne Vendôme, cette superbe colonne, ordre dorique, 44 mètres de hauteur, toute en bronze, et surmontée de la statue de l'empereur Napoléon ; et le Palais-Royal, oh ! le Palais-Royal !.... charmant, délicieux,... ses galeries, ses nombreuses boutiques,... et ses restaurants avec leur cent entrées de veau, leurs deux cents entrées de bœuf, leurs trois cents entrées de mouton et *leur sauce universelle* ; leur SAUCE UNIVERSELLE surtout, ah ! ah ! ah ! ah !... que dites-vous de leur sauce universelle ? ah ! ah ! ah ! ah !... précieux en vérité, excellent, ah ! ah ! ah ! ah !...

Je débitai cette longue tirade, soigneusement étudiée d'avance, avec un aplomb dont je fus moi-même très-satisfait. Mon auditoire émerveillé en parut charmé. La dernière partie de mon discours, relative à la sauce universelle, fut l'objet de questions empressées. Je racontai sur ce sujet tout ce que m'avait appris mon ami Taylor sur l'art culinaire des restaurateurs parisiens ; ces détails amusèrent beaucoup la famille Muggins.

Je dus encore répondre à de nombreuses questions sur Paris. Les instructions de mon ami Taylor et mes études des gravures du livre *Paris and its environs* me servirent merveilleusement. Le subterfuge ne fut soupçonné par personne.

Dès le lendemain, je m'empressai de reprendre le cours ordinaire de mes visites quotidiennes chez la famille Muggins. Cette fois encore j'eus le bonheur de rencontrer miss Pénélope seule au salon. Notre conversation retomba naturellement sur Paris.

— Eh bien, Monsieur Twig, dit la charmante miss, avouez

maintenant que vous n'avez jamais rien vu dans ce monde entier de plus beau, de plus agréable que ce délicieux Paris?

Saisissant avec résolution l'occasion qui m'était offerte d'expliquer mes sentiments à miss Pénélope, je pris sa main entre les miennes, et la regardant d'un air tendre, je lui répondis avec émotion :

— Pardonnez-moi, miss Pénélope, il y a au monde un objet que je trouve un million de fois plus agréable et plus beau que Paris, et toutes les merveilles qu'il renferme.

— Au nom du ciel! quel peut être cet objet, s'écria miss Pénélope, rougissant jusqu'au bout des doigts.

— Pouvez-vous me faire une telle question, m'écriai-je, avec passion, en pressant sa main contre mon cœur. Cet objet que je trouve le plus aimable et le plus beau du monde, c'est.... miss Pénélope Muggins.

A cette déclaration, non imprévue peut-être, la jeune miss laissant sa main dans les miennes, se couvrit la figure de son autre main, et détourna la tête avec une charmante confusion.

Au même instant, la porte du salon fut brusquement ouverte par mistress Muggins......

Qu'ajouterai-je de plus ? Cette scène délicieuse s'est passée il y a un mois. Depuis trois semaines je suis l'heureux époux de miss Pénélope Muggins. Demain ma nouvelle famille et moi, nous partons pour visiter les bords du Rhin et l'Allemagne. Nous avons préféré nous diriger vers ce pays plutôt que vers la France, attendu que TOUS déjà nous connaissons Paris, au point de le *savoir par cœur*, comme le lecteur a pu s'en convaincre.

Les Muggins sont dans l'enchantement de leur prochaine excursion. Quant à moi, je partage d'autant plus leur satisfaction, que j'espère bien, cette fois, ne pas faire un voyage sans sortir de ma chambre.

BARRILLON.

Lyon.—Imprimerie de L. Boitel quai Saint-Antoine, 36.

www.ingramcontent.com/pod-product-compliance
Ingram Content Group UK Ltd.
Pitfield, Milton Keynes, MK11 3LW, UK
UKHW020135080726
13614UKWH00005B/2251